I0402591

Développer son business

avec le principe de réciprocité

Olivier de Witte

My Business Conseil

Olivier De Witte

DU MÊME AUTEUR :

Les secrets de la confiance en soi - 2019

POUR ME CONTACTER :

Olivier de Witte
My Business Conseil
Lieu-Dit Clarac
32700 Sempesserre
Mail : mybusinessconseil@gmail.com
Site web : mybusinessconseil.over-blog.com

COUVERTURE ET GRAPHISME :

Jean Herbert Wzgarda
Aelement Works
L'utopie, 16 rue Nationale
47110 Sainte-Livrade

Remerciements :

Ecrire un livret sur le principe de réciprocité, c'est faire la synthèse des connaissances acquises, non seulement au fil de mes différentes lectures et formations, mais surtout au cours de mes expériences de vie et de mes rencontres.

Ainsi, je tiens à remercier tous les chefs d'entreprise que j'ai pu accompagner dans mon ancienne vie professionnelle, mes clients bien sûr, ma famille devenue mes premiers lecteurs, mon chien à qui je pense souvent, et toutes les personnes que j'ai rencontrées qui m'ont permis de comprendre et d'expérimenter ce principe.

Merci à ma relectrice attentive qui m'a permis d'éviter un jargon trop technique pour en faciliter la compréhension.

Olivier De Witte

Avant-propos

« Quand accorder une faveur devient une tactique commerciale »

Chère lectrice et cher lecteur,

Avant de rentrer dans le vif du sujet, même si je sais que nous avons rarement envie de lire une introduction, posons-nous quelques instants mais promis je vais faire vite.

Cependant, imaginez que dans cette présentation, je vous révèle un secret de la plus haute importance. Alors, vous ai-je convaincu de la lire ?

Tout d'abord, laissez-moi vous remercier d'avoir choisi ce livret et pour la confiance que vous me témoignez. Nous allons parcourir ensemble un voyage extraordinaire (ok, j'exagère un peu) en 4 axes autour de la réciprocité induite.

Mais qui suis-je ? Je vous demanderais bien de vous présenter également mais je doute pouvoir entendre votre réponse même si, n'étant pas mentaliste, je pense qu'il y a 90% de chance que vous soyez soit chef d'entreprise, soit un porteur de projet dans le monde entrepreneurial ou encore étudiant. Ai-je vu juste ?

Non ? Il faut vraiment que je relise mon mentaliste pour les nuls !

Je me présente : je m'appelle Olivier de Witte et j'ai créé la société My Business Conseil. Fort d'une expérience professionnelle de plus de 10 ans, j'ai pu accompagner plus de 1 000 entreprises depuis le début de ma carrière.

J'interviens essentiellement sur des problématiques entrepreneuriales liées au développement du chiffre d'affaires pour les entrepreneurs ou les futurs entrepreneurs, mais également dans le domaine du développement personnel.

Passionné de psychologie, j'utilise ces ressources pour comprendre les problèmes concernant nos interactions au quotidien, comme quoi mes études d'économie ne sont pas incompatibles avec cette passion.

En effet, c'est une aide précieuse pour décrypter le processus de la confiance en soi, capital dans beaucoup de domaines de notre vie.

Dans le monde professionnel, parler en public, passer un entretien d'embauche, un oral, ou encore mettre en place des techniques de vente adaptées à une clientèle sont autant d'éléments déterminants pour réussir.

C'est, donc, avec un réel plaisir que je partage avec vous, mes techniques et mes idées sur mon site internet My Business conseil, pour vous aider à réussir.

En premier lieu, nous aborderons dans ce livret, le fonctionnement et la puissance du levier de la réciprocité induite ! Ainsi, nous verrons pourquoi, vous devez absolument adopter une stratégie de réciprocité pour augmenter votre business !

Je vous donnerai également des exemples concrets afin que vous puissiez adapter cette stratégie à votre activité. Nous parlerons également de l'état d'esprit à adopter ou pour reprendre le mot anglosaxon à la mode le « MINDSET », c'est le côté Jean Claude Van Damme du développement personnel.

Et pour finir nous évoquerons les erreurs à ne pas commettre ! C'est en se trompant que l'on apprend, mais si je peux vous faire gagner du temps en vous évitant quelques erreurs, je signe. Vous aussi, j'en suis certain.

Nous y sommes, l'introduction est finie. Certes, il n'y avait pas de secret de la plus haute importance, mais nous pouvons commencer à rentrer dans le vif du sujet.

Bonne lecture à toutes et à tous et encore merci pour votre confiance !

CHAPITRE 1

Qu'est ce que la réciprocité induite ?

« Vous n'êtes pas responsable de la tête que vous avez, mais vous êtes responsable de la gueule que vous faites »

Coluche

Et si nous commencions par définir la réciprocité induite et à comprendre ses leviers pour augmenter votre business !

Tout d'abord, connaissiez-vous ce principe ? En avez-vous déjà entendu parler ? Oui ? Non ? Peut-être ? Quand je vous disais que je dois relire le mentalisme pour les nuls !

Sachez en premier lieu que nous utilisons ce procédé tous les jours dans nos interactions sociales, qu'elles soient aussi bien professionnelles, que familiales! C'est l'un des principes qui régissent les dynamiques sociales et le maîtriser peut s'avérer déterminant pour augmenter votre CA.

Trop souvent, j'accompagne d'excellents professionnels dans leur domaine de compétence, qui sont, en outre, des personnes humainement extraordinaires, mais ceux-ci n'appliquent pas les bonnes techniques de vente et vont donc parfois à l'échec de façon plus ou moins rapide.

Commençons par définir ce principe :

C'est la création d'une dette exercée par la pression sociale et culturelle qui nous entoure. C'est, en quelque sorte, les us et coutumes imposés par la morale et nos valeurs sociétales !

Je m'explique :

Lorsque l'on nous rend service, il y a une sorte de contrat moral informel qui se crée avec la ou les personnes qui nous ont rendu service. Ce contrat informel stipule qu'un service en vaut un autre ! Et donc que vous devrez dans un futur plus ou moins proche rendre la pareille.

On dit que c'est informel car personne n'en parle, personne ne signe un document, mais le fait de recevoir, crée une dette avec un sentiment puissant d'obligation. C'est ce que l'on appelle « renvoyer l'ascenseur ou rendre la monnaie de sa pièce » !

Prenons deux exemples afin de mieux comprendre :

Vous avez déjà invité un partenaire, un prospect, ou encore un ami au restaurant.

Vous payez de bon cœur et sans arrière-pensée l'addition pour cette personne qui devient votre convive.

Que se passe-t-il ?

Et bien, un contrat implicite avec cette action vient de se créer ! Souvent même votre convive vous le stipule, « la prochaine fois, c'est pour moi! » alors que vous n'avez rien demandé.

Commencez-vous à voir la force de ce principe ?

Prenons un autre cas,

Lorsque vous souriez dans la rue à un inconnu ! Que se passe-t-il ? Un phénomène de réciprocité se crée, et dans 90% des cas, la personne que vous ne connaissez pas vous sourit à son tour.

Vous en doutez, je vous propose d'essayer. Souriez, dans la rue de façon naturelle je précise, pas de façon forcée sinon votre sourire sonnera faux et la personne se demandera ce que vous lui voulez.

C'est, en quelque sorte, contagieux ! La personne vous sourit car vous lui souriez ! Il n'y a aucune obligation autre que morale, qualifiée également de politesse.

Bien évidemment, rien ne nous oblige à rendre la pareille, mais la subtilité de ce principe est qu'il nous met face à notre morale et à nos valeurs apprises lors de notre sociabilisation ou éducation.

Autrement dit, cette pression sociale exercée sur nous, crée une obligation de réciprocité. Souvenez-vous de l'adage populaire, il faut donner pour recevoir ! Je comprends mieux, maintenant, la chanson de Goldman « je te donne ».

Blague à part, nos croyances et nos divinités reposent en partie sur ce principe de réciprocité induite. L'espoir du paradis, si nous nous conduisons bien, repose essentiellement sur ce principe de réciprocité!

Vous voyez : Nous agissons parce que nous

trouvons cela juste mais avec l'attente d'une réciprocité induite !

Ainsi, la réciprocité « induite » peut être utilisée à des fins de recevoir une faveur obtenue par ce don. Je vous vois venir, je vais vous raconter une histoire.

Dernièrement, j'accompagnais Marc. Il est entrepreneur, et quand je lui ai parlé de ce principe, il me répondit que cela frôlait la manipulation, ces techniques de vente.

C'est peut-être ce que vous vous dites à l'heure où vous me lisez. Mais l'être humain est-il totalement altruiste ? Cela ferait un excellent sujet de philosophie. Je vous laisse 4 heures !

Voici la question que j'ai posée à Marc : Es-tu 100% altruiste dans tes rapports aux autres ? C'est-à-dire faire quelque chose sans être intéressé par un quelconque retour.

Comme Marc, vous allez me répondre par l'affirmative et bien, c'est impossible !

Après avoir rendu un service à un proche qui

ne vous rend pas la pareille : Que vous dites-vous ?

«J'ai fait tout ça pour toi et toi tu me fais ça !» Sous-entendu : tu ne réponds pas à l'investissement que j'ai misé sur toi ! Et oui, le monde est parfois cruel !

Prenons un autre cas, encore plus désintéressé :

Vous avez déjà aidé une personne âgée à monter ses courses jusqu'à son palier ou laissé passer un piéton alors que vous n'y étiez pas obligé ? Et pourtant, que se passe-t-il si on n'est pas remercié par un mot gentil ou par un petit signe de la main?

Vous voyez ! Quelle ingratitude ! N'est-ce pas ? Et pourtant personne ne vous a rien demandé. Nous attendons toujours de nos actions quelque chose en retour. De façon inconsciente, je vous l'accorde.

Donner aux autres nous aide à nous sentir mieux en tant que personne. Nous avons fait « notre BA : bonne action de la journée » ! Donner nous assure de recevoir ! C'est le contrat, ainsi nous sommes « créditeurs » et nous reprochons le déséquilibre des dettes informelles.

Petite parenthèse : observez que dans les couples, les disputes sont souvent liées à ce phénomène de réciprocité induite.

Attention à celui qui ne se soumettrait pas à ce contrat moral. La qualification d'ingrat ou de profiteur guette !

Vous commencez à comprendre la puissance de la réciprocité. Nous obéissons à cette dette !

Alors, utilisez cette tactique pour fidéliser votre clientèle et ainsi augmenter votre chiffre d'affaires.

CHAPITRE 2

Comment utiliser ce principe de réciprocité induite dans mon entreprise ?

« Les espèces qui survivent ne sont pas les espèces les plus fortes, ni les plus intelligentes, mais celles qui s'adaptent le mieux aux changements »

Charles Darwin

Maintenant nous allons prendre des exemples concrets que vous devez adapter à votre entreprise.

La mise en place d'une stratégie de réciprocité « induite », est une véritable technique de vente ou de marketing basée sur la psychologie du consommateur, et peut, selon votre activité, augmenter considérablement votre business.

J'attire votre attention sur le fait que le principe de « réciprocité induite » ne doit pas être confondu avec la notion d'échange ou de deal.

Pour être efficace, il ne faut pas énoncer l'échange. Il n'y a pas de contrepartie apparente. Cela doit paraître complément désintéressé d'un quelconque retour.

Il n'y a pas de valeur d'échange, et c'est là que réside sa force.

Un exemple :

J'aide mon voisin à couper du bois et à le ranger dans son garage, cela me prend mon samedi toute la journée. Certes, j'aurais pu faire des choses bien plus intéressantes, mais bon, cela me faisait plaisir d'aider mon voisin. Il faisait beau, j'ai dit banco.

Voyez-vous, il n'y a pas d'échange programmé entre nous ! Pourtant il a, envers moi, une dette sans valeur énoncée.

Je peux très bien lui demander, trois semaines plus tard de m'aider à remplir mes impôts, car il est comptable.

Est-ce assez comme monnaie d'échange ?

A chacun de choisir. Mais voyez-vous, quand je lui ai parlé de ma difficulté à remplir ma feuille d'imposition, il m'a immédiatement proposé de m'aider.

Les interactions sociales établissent souvent un solde de plus et de moins qui entretient les dynamiques sociales.

Nous allons voir ensemble 5 types de réciprocité :

Le premier est le plus courant : il s'agit du "cadeau trafic" :

Il consiste à profiter du trafic dans votre établissement pour proposer par exemple une dégustation sur les marchés ou en boutique.

Il peut s'agir également de distribuer des échantillons à vos clients afin qu'ils découvrent ce nouveau produit, ou encore leur offrir le café quand ils arrivent à la caisse. Il faut que cela soit pris comme un don et non comme un dû.

La mise en place de dégustation produit est très efficace. Au-delà d'informer sur le goût et la qualité du produit, il entraîne un sentiment de réciprocité fort qui pousse à l'achat.

Petit Conseil : Pour les dégustations ou échantillons, proposez les produits qui marchent peu car peu connus afin d'en augmenter les ventes.

Pour les restaurateurs, offrez le café de temps en temps à vos clients, cela permettra de les fidéliser afin qu'ils reviennent ou parlent en bien de votre établissement. Le bouche à oreille positif poussera d'autres clients à venir.

Offrez un petit présent qui vous coûte peu mais qui vous rapporte en ce qui concerne le CA et la renommée positive.

Réfléchissez à ce que votre activité peut vous permettre de proposer !

Le second type est d'offrir du contenu informatif :

Que ce soit au travers des réseaux sociaux, de votre façon de communiquer, avec du contenu internet ou encore avec des newsletters par exemple, donner de l'information engendre un principe de réciprocité.

Laissez-moi vous poser une question : Comment communiquez-vous avec vos clients ?

Communiquez-vous sur vos valeurs ?

Le consommateur a énormément changé en une décennie, et il est devenu ce que l'on appelle le consommateur 4.0. !

Il est très friand de ce type de contenu. Racontez des histoires sur vos produits, sur votre marque. Il faut que vous vous positionniez en expert.

Vous pouvez fournir des informations à vos clients. La régularité sur le ou les moyens de communication entraîne une fidélisation de votre clientèle.

Donnez du contenu pour fidéliser ! Les vidéos ou e-book gratuits rentrent par exemple dans cette catégorie.

Les clients apprécient d'en apprendre sur vous ou sur vos produits. Mettez de la proximité avec vos clients pour faire naître de la confiance.

Le troisième type est de proposer un essai gratuit ou de faire un diagnostic gratuitement :

Une publicité tourne actuellement, en boucle, pour un régime minceur.

On vous offre une semaine gratuite. On est en plein dans le principe de réciprocité !

Je vous laisse imaginer le nombre de clients qui se soumettent au test gratuit et qui vont poursuivre cet essai, mais de façon payante, au-delà de la semaine offerte, au vu des résultats obtenus.

Selon votre activité, n'ayez pas peur de proposer un essai gratuit. Vos prestations de service ou vos produits sont les meilleurs, alors pourquoi ne pas les faire essayer au client.

Il est fort à parier que celui-ci poursuivra l'aventure avec vous, sous condition, qu'il soit satisfait bien évidemment.

Autre exemple, si vous vendez des logiciels, vous pouvez les faire essayer durant un temps limité afin que le client s'approprie la logique de fonctionnement et qu'il constate que ce produit est efficace.

Généralement, un essai gratuit, n'engage peu ou pas le client mais s'avère extrêmement convaincant pour vendre votre produit ou prestation par la preuve de son efficacité.

Vous l'avez par ce biais, convaincu de passer son acte d'achat. Ce procédé est particulièrement efficace notamment quand le client est hésitant.

L'essai gratuit a pour objectif de finir par le convaincre de l'efficacité de ce que vous vendez.

Dernier exemple, c'est le diagnostic gratuit. Vous proposez à votre client de faire un diagnostic succinct de sa problématique et des solutions que vous pouvez proposer.

Ce diagnostic a plusieurs avantages :

-Le premier est qu'il confirme votre rôle d'expert sur le sujet : ce qui vous donne de facto une sorte de label confiance.

-Le second est qu'il permet parfois d'ouvrir les yeux à votre client sur une problématique qu'il n'avait pas complètement perçue, aussi bien dans le domaine d'économie d'énergie, que du gain en temps pour un poste salarié,...

-Le troisième est que la gratuité fait que de façon inconsciente il s'est déjà engagé à collaborer avec vous. Ce premier « oui, travaillons ensemble » entraîne souvent un « oui, continuons de collaborer ensemble ».

Alors si votre activité vous le permet, n'hésitez pas à proposer un essai ou un diagnostic gratuit.

Le quatrième type est de faire des évènements spécifiques :

Selon votre activité, il se peut que vous ne puissiez pas mettre en place l'un des trois premiers, même si je doute que maintenant vous n'ayez pas, au moins, un compte Facebook professionnel pour communiquer avec vos clients sur vos produits, vos prestations de service (ici on fait appel à la preuve sociale).

Alors pourquoi ne pas organiser des évènements spécifiques pour vos clients ?

Et là, nous ne sommes pas seulement dans la fidélisation ou la récompense pour vos meilleurs clients, mais aussi dans la possibilité d'en attirer de nouveaux.

Amis commerçants, je pense notamment à vous pour organiser des ventes privées dans vos boutiques, par exemple, avec une remise à la clé pour le client s'il achète immédiatement.

Les ventes privées permettent de se sentir privilégié et entraînent dans l'inconscient du client une sorte de récompense vis-à-vis de cette situation. Et oui, le principe de réciprocité !

Cela peut être, pour ceux qui font du prêt à porter, une soirée la veille des soldes, par exemple, pour récompenser les meilleurs clients et leur faire bénéficier en avant-première de réductions ou de nouvelles gammes de produit.

Toujours dans le prêt à porter, n'oubliez pas les défilés de mode souvent organisés par les associations de commerçants. C'est un moyen de faire parler de vous et de vos produits.

Autre exemple : un boulanger faisait tous les jeudis une opération « Adopte un chou », en référence au fameux site de rencontre « adopte un mec ».

Ainsi, ce jour-là, il offrait à sa clientèle un petit chou. Figurez-vous que cette opération marketing basée sur le principe de réciprocité, a fait un carton !

Au-delà de l'aspect médiatique local, bien évidemment, une publicité gratuite lui fut faite grâce à ces quelques choux offerts.

Le jeudi est devenu l'une de ses meilleures journées en ce qui concerne le chiffre d'affaires. Vous voyez que ces opérations peuvent augmenter drastiquement votre CA.

Dernier exemple avant de passer au cinquième point : vous pouvez inviter vos clients et prospects sur un chantier ou autour d'un moment de convivialité. L'objectif étant d'offrir un moment de détente tout en réalisant la démonstration de votre savoir-faire.

Vous bénéficierez alors d'un bouche à oreille qui amortira l'investissement de quelques bouteilles de vin (à boire avec modération bien évidemment) ou de jus d'orange accompagnées de quelques amuse-bouche.

Le bouche à oreille est un moyen efficace pour inciter d'autres prospects à passer à l'action car au-delà du principe de réciprocité pour ces clients qui vous feront une bonne presse, les autres seront conquis par la preuve sociale (autrement dit, ils vous feront confiance, car on dit du bien de vous).

Cinquième et dernier type, côtoyer un ou des réseaux d'entrepreneurs :

L'adhésion à un club d'entrepreneurs est un

moyen, en premier lieu, de briser la solitude de l'entrepreneur.

En effet, vous allez y retrouver des chefs d'entreprise qui partagent pour l'essentiel les mêmes problématiques que vous. C'est un véritable lieu de lien social !

Même si on retrouve un très large panel de clubs qui vont du Rotary en passant par le BNI mais aussi des associations de commerçants, d'artisans ou clubs d'entreprises...

Tous ne poursuivent pas une vocation identique et le ticket d'entrée n'est pas forcement le même. Il convient alors de sélectionner celui qui correspond à vos besoins et à votre activité.

Au-delà de briser la solitude qui touche souvent le chef d'entreprise notamment par la discussion entre pairs, le réseau d'entrepreneurs permet également de bénéficier de l'expérience des plus anciens dans le milieu entrepreneurial et d'élargir son réseau d'affaires.

Les entrepreneurs fonctionnent souvent en vase clos ; je te fais travailler et tu me fais travailler, ou « je te recommande et tu me re-commandes » sans compter, le coté porteur d'affaires.

Cela peut être un véritable accélérateur d'affaires et de notoriété localement.

Également dans les moments difficiles, vous pourrez y trouver réconfort et conseils. Surtout au lancement d'une activité, et selon votre secteur, le réseau constitue un vecteur important du chiffre d'affaires.

On dit souvent, d'ailleurs, que le volume du chiffre d'affaires dépend du réseau de son diri-geant.

Ces clubs d'entrepreneurs se sont multipliés ces dernières années. La nature ayant horreur du vide, vous trouverez à proximité de chez vous un club qui correspond par sa philosophie et ses valeurs à vos attentes.

Qu'ils soient orientés business ou tournés vers le partage de compétences ou d'animations, je vous conseille de vous rapprocher de l'un d'eux. Leur fonctionnement est essentiellement basé sur le principe de réciprocité.

CHAPITRE 3 :

La psychologie du consommateur

« Ce ne sont pas les choses qui inquiètent l'homme mais l'opinion sur les choses »

Epictète

Comment ne pas aborder la psychologie du consommateur. En effet, ce principe de réciprocité induite utilise largement les biais cognitifs du consommateur pour le pousser à l'acte d'achat.

Pour ceux qui penseraient que ceci est de la manipulation, je leur dirai alors que toute interaction dans la vie est manipulation, et je peux vous garantir que ce n'est pas l'utilisation du principe de réciprocité induite qui va vous rendre foncièrement mauvais.

Entre les tenants de « l'homme est un loup pour l'homme » de Hobbes et les Rousseauistes qui pensent que « par nature l'homme est bon mais que c'est la société qui le corrompt » (il fallait bien un moment culturel dans ce livret), il y a de la place pour comprendre la psychologie du consommateur.

Comme dirait Romain Cally, « vendre, c'est avant tout convaincre psychologiquement un individu d'acheter ».

Autrement dit, c'est comprendre les processus

d'influence qui conditionnent, inconsciemment, les consommateurs.

Nous sommes tour à tour, à notre insu les « bernés » et parfois les « bernants » tout aussi à notre insu pour les plus rousseauistes d'entre nous.

En psychologie, on parle de stimuli ! Activer ces stimuli, augmente les chances d'affecter positivement une décision d'achat.

Pour le principe de réciprocité, le stimulus déclenché est que nous nous sentons obligés de redonner aux personnes qui nous ont déjà offert un avantage, une faveur.

Une étude a démontré, par exemple, que les serveurs augmentaient leur pourboire de 3 à 5% en offrant un simple bonbon à la menthe en vous apportant l'addition.

La réciprocité est un phénomène puissant !

Offrez une petite attention à vos clients pour obtenir quelque chose en retour.

Un philosophe contemporain : Enrico Macias disait « donnez, donnez, donnez, Dieu vous le rendra.... ». Pour votre cas, on pourrait dire le client vous le rendra !

CHAPITRE 4 :

Les 3 erreurs à éviter

« J'apprends de mes erreurs.
C'est un moyen très douloureux
d'apprendre, mais comme on dit,
sans douleur, pas de victoire »

Johnny Cash

Comment ne pas finir sur les erreurs à éviter ! Nous avons vu que le principe de réciprocité est un puissant levier de contrainte volontaire.

Cependant, pour être efficace il ne doit pas être énoncé. Si vous l'énoncez, cela devient en fait un deal ! Vous transformez votre action en « je fais ça et toi, tu fais ça » établissant une contractualisation marchande plus ou moins précise.

L'une des principales erreurs est de dire que vous le faites contre un retour ! La subtilité de ce principe repose sur sa confrontation avec notre morale et nos valeurs !

C'est une puissante technique de contrainte volontaire. Mais elle ne doit pas être énoncée pour être efficace, alors donnez en silence pour recevoir.

Une autre des erreurs souvent commises est de se faire démasquer. Votre client n'est pas bête. Alors il ne doit pas sentir que c'est dirigé vers un acte marchand.

S'il perçoit de l'intérêt chez vous, vous avez peu de chance de contractualiser. Au contraire, il n'y a rien de pire que de se sentir manipulé.

Quand j'accompagne des personnes, il faut qu'elles adhèrent aux principes de donner dans un contexte de concurrence accrue.

Votre interlocuteur ne doit pas sentir que c'est dirigé. Vous serez perçu comme un manipulateur. « Il cherche à m'acheter », nous avons tous déjà eu ce sentiment. Alors ne cherchez pas à l'acheter.

Pour cela voici deux tuyaux :

-Agissez de façon à ne pas vous soucier du résultat ! Soyez désintéressé, et le principe de réciprocité sera pleinement efficace.

-Appliquez la réciprocité naturellement, sans trop attendre des autres. C'est un investissement et parfois on gagne et parfois on perd.

Alors si quelqu'un rompt le contrat de réciprocité, au lieu de nous fâcher, demandons-nous si c'était vraiment important ? Ne l'avons-nous pas déjà fait ?

Et enfin, l'une des erreurs que je rencontre souvent est la disproportion du cadeau. Sachez doser votre cadeau ! Pour cela Il y a deux principes :

-Il ne doit pas être disproportionné par rapport au lien qui vous lie avec la personne. Offrir un café est anodin, offrir un voyage paraîtra suspect. Il ne faut pas que votre interlocuteur ait l'impression que vous cherchez à l'acheter

-Un cadeau doit vous rapporter et non pas vous coûter. C'est, en quelque sorte, comme à la pêche, c'est un appât pour attirer. Votre stratégie de réciprocité doit être bénéficiaire.

Utilisez ce principe pour développer votre activité. Si vous souhaitez en savoir plus, je peux vous proposer un accompagnement personnalisé.

Retrouvez toutes les informations sur ma chaîne YouTube, mon blog et ma page Facebook : My business conseil.

Je tenais à dédier ce livret à mon chien.

Pour paraphraser Alexandre Vialatte : "Ce qu'il y a de meilleur dans l'homme, c'est le chien."

Alors pour toi Oscar !

www.ingramcontent.com/pod-product-compliance
Lightning Source LLC
Chambersburg PA
CBHW031505210526
45463CB00003B/1083